Por qué los niñ
este libro?

Los niños realmente necesitan tener y leer este libro para que nunca tengan que conseguir un empleo y trabajar. Sin tener tiempo libre para cosas divertidas, porque en vez de eso tienes que trabajar para ganar dinero. Si aprendes todo en este libro, todo sobre el dinero y qué hacer con él, y realmente lo entiendes. Nunca tendrás que trabajar por dinero y nunca necesitarás un empleo. El dinero está en todas partes y en todo. Si podemos entenderlo y aprendemos a controlarlo, nunca tendrás que trabajar por dinero. Deja que tu dinero trabaje para ti para que puedas disfrutar tu vida haciendo las cosas que disfrutas. Si cada niño lee y aprende a hacer esto, todos seremos ricos sin importar lo que queramos hacer cuando crezcamos.

VAMOS A DESCUBRIR MÁS.

Kid's Get Learning

Libros educativos para niños

Dinero para niños

Escrito por Tegan Helen

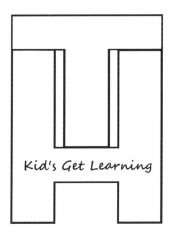

Publicado por primera vez en 2016 por
831 Designs
831designs.com

Para mis padres, David y Laura, Quienes me han enseñado que el dinero no te hace feliz, pero sí ayuda. Que si puedes hacer que tu dinero trabaje para ti, entonces puedes disfrutar la vida al máximo. Por salvarme y darme la vida que merezco. Los amo y les debo todo.

Apoya a NSPCC (Sociedad Nacional para Proteccion y cuidado de los niños)

10% de todas las regalías de autor son donadas a

NSPCC

VALE LA PENA LUCHAR
POR CADA NIÑO

Contenido

Hola, soy Tegan Helen,

Siempre me ha encantado escribir y leer libros. Lo que hizo que quisiera ser una autora fue leer 'Harry Potter' de J.K. Rowling y 'Padre Rico, Padre Pobre para Adolescentes' de Robert Kiyosaki. En el libro, Robert dice que J.K. Rowling, la autora de Harry Potter, tiene más dinero que la Reina de Inglaterra.

Vaya, ella puede escribir divertidas historias, lo cual le encantan hacer y que a la gente le encanta leer, hace mucho dinero sin tener que ir a trabajar, y ayuda a otras personas a divertirse. No fue sino hasta que mi mami vio una publicidad de el evento de negocios UltraKids y nos inscribió, que mi libro realmente despegó.

Me mantenía pensando y soñando con que realmente quería ser una autora. Fue muy difícil pensar en qué los niños disfrutarían y leerían todos los días, eso fue un verdadero reto. Me encanta Roald Dahl, los libros de hadas y los de Harry Potter. Esos son buenos pero no aprendes mucho.

Me encanta leer los libros de mami y papi porque son muy interesantes, y aprendo grandes cosas sobre cómo alcanzar mis sueños y ser feliz. Pero estos tienen muchas palabras difíciles, y esto me hizo pensar en mi mejor idea sobre qué escribir, y pensé en
"dinero para niños".
Me sentí muy orgullosa de mí misma. Puedo ayudar a otros niños a que aprendan cosas grandiosas como en los libros de mis padres sin tener que usar un diccionario para todas

esas grandes palabras. Ahora tengo siete años y soy una autora y dueña de un negocio. Realmente amo escribir libros. Mi hermano menor y yo somos educados en casa, somos niños asombrosos, porque somos afortunados y tenemos padres realmente maravillosos.

Ellos son emprendedores e inversionistas inmobiliarios que realmente ayudan a la gente, he aprendido mucho sobre dinero, ellos hablan sobre eso con nosotros y nos explican de dónde viene, a dónde va, para qué sirve y qué hacer cuando lo obtenemos. La forma inteligente y la forma un poco tonta. Me siento muy afortunada porque cuando crezca podré elegir si quiero trabajar o tener un empleo por el que me paguen, o elegir hacerlo de la forma inteligente, seguir escribiendo libros y tener una vida especial y súper divertida, en vez de un empleo aburrido.

Pienso mucho acerca de mis amigos que van a la escuela y tienen que aprenden sobre cosas que no les gusta o tienen que sentarse quietos todo el día, no se divierten mucho y cuando se gradúan de la escuela entonces tienen que buscar un empleo, que sólo les alcanza para pagar por las cosas básicas que necesitan. Siento que esto es un poco triste y realmente quiero ayudar a muchos, muchos niños. Si ellos aprenden la forma inteligente y la usan, también podrán tener grandiosas y divertidas vidas.

Cómo Hacerte Rico

1. Ahorra $1 todos los días para interés compuesto
2. Haz trabajar tus ingresos
3. Escribe un presupuesto y conoce cuánto dinero tienes 4. Haz que tus gastos sean menos
5. Deja de comprar obligaciones
6. Guarda tu dinero en una cuenta de interés alto
7. Busca bienes que produzcan ingresos
8. Haz trabajar tu ganancia
9. Encuentra un buen negocio
10. Ve si puedes dar un depósito por el buen negocio
11. Saca tu dinero guardado para comprar bienes
12. Si no tienes suficiente dinero pídelo prestado
13. Conoce la diferencia entre deuda buena y deuda mala
14. Si pides prestado, cuánto es el interés
15. ¿Puedes cambiar algo para hacer aún más dinero? 16. Comienza de nuevo en el número 1.

Haz esto una y otra vez.

Si comienzas a hacer esto cuando aún eres un niño, entonces podrás llegar a ser un adulto y vivir por ti mismo en vez de trabajar duro en un empleo, y en cambio podrás elegir hacer las cosas que te encantan. Así que cuando tengas suficientes bienes haciéndote ganar dinero (**ingreso pasivo**) para pagar tus gastos y las cosas que te gustan y necesitas en tu vida, entonces puedes comprar obligaciones, que son las cosas que quieres sólo por diversión.

¡COMIENZA AHORA!

Interés Compuesto

El interés compuesto es la cosa más emocionante para aprender sobre el dinero porque cualquiera, a cualquier edad, puede hacerlo. Toma tiempo pero garantiza que te harás rico. Déjame comenzar mostrándote cómo hacer esto con el primer ejemplo que me dieron mis padres. Si pones $1 al día en una cuenta de alto interés, todos los días por 50 años, ¡¡¡garantizas que serás millonario!!! Y esto es sin agregar ningún dinero adicional en el camino, como el que recibes en cumpleaños, Navidad, dinero de bolsillo, trabajos, etc... Encuentro esto súper emocionante porque con el tiempo pones muy poco dinero y obtienes muchas ganancias,
déjame mostrarte...

$1 al día tras 1 año = $385.53	has puesto $365
$1 al día tras 10 años = $6,997.70	has puesto $3,650
$1 al día tras 20 años = $30,222.98	has puesto $7,300
$1 al día tras 30 años = $107,318.42	has puesto $10,950
$1 al día tras 40 años = $363,233.82	has puesto $14,600
$1 al día tras 50 años = $1,212,735.32	has puesto $18,250

¡¡WOW!! ¡¡ LO SÉ!!!

Porque obtienes intereses sobre intereses sobre intereses, todo esto suma durante los años, ¡haciéndote RICO! Puedes ver que poco has puesto, **$18,250** y has hecho ¡¡¡más de UN MILLÓN DE $$!!! Ahora, sólo sueña que pones también todo el dinero extra que recibes, ¡esto me emociona mucho! Entonces,

¿crees que puedas encontrar o hacer o ganar $1 todos los días?

Si todos los niños aprenden y hacen sólo esto, todos seremos ricos sin importar lo que queramos ser cuando seamos grandes.

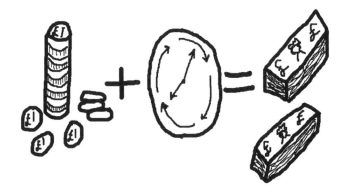

*Basado en una tasa de interés compuesto de 12% al año (No te preocupes, te mostraré como obtener 12% de tus ahorros)

Ingresos

El ingreso es cualquier dinero que obtengas por trabajar, dinero de que te dan para gastar o una paga por hacer los quehaceres en tu casa. Es tu decisión lo que hagas con cualquier dinero que obtengas. Tendrás que usar alguna parte en gastos, cosas que tienes comprar.
El resto depende de ti.

1) Puedes guardarlo en una cuenta de ahorros de alto interés en el banco, que te hará ganar dinero extra, llamado interés.

2) Puedes usarlo para comprar bienes con los que puedas hacer más dinero y eso significará que cada mes ganarás más dinero.

3) O puedes usarlo para comprar obligaciones, o sea, cosas que simplemente quieres.

La decisión es tuya.

Cómo hacer un presupuesto

Los presupuestos son una gran forma de ver cuánto dinero te queda para gastar. Pueden ser presupuestos semanales o mensuales.

Normalmente depende de cuándo te paguen, bien sea semanal o mensual. Primero, necesitarás anotar todo el dinero que recibas,esto se llama ingreso. Puede ser dinero que ted an para gastar, o trabajos esporádicos que tengas, o cualquier ganancia de cosas que vendas.

Suma todo eso y tendrás el total de tu ingreso.

Luego necesitarás anotar todos tus egresos, o sea, gastos de cosas que compras cada semana o mes como revistas, ropa, paseos. Después suma todo esto y tendrás el total de tus egresos (gastos).

Para obtener tu ingreso total, resta tu total de egresos y esto te dirá cuánto dinero te sobra para gastar o ahorrar.

Si tus egresos (gastos) son mucho más que tus ingresos, necesitarás ver dónde puedes recortar tus gastos o cómo puedes hacer más dinero.

¿Realmente necesitas esa revista todo el tiempo, o una nueva camiseta, o gastar tanto en un paseo? O puedes vender más cosas para hacer más dinero o buscar un trabajo, o hacer más quehaceres en casa.

Necesitas que te sobre dinero para poder invertirlo en bienes que te darán más dinero y te permitirán también retribuir.

Planea un presupuesto

Ingresos:

Dinero para gastar   _____

Niñera   _____

Repartir periódicos   _____

Cortar el pasto   _____

Lavar el coche   _____

Otros   _____

INGRESO TOTAL: _____

Gastos:

Maquillaje   _____

Gel para el cabello   _____

Teléfono   _____

Ropa   _____

Revistas   _____

Paseos   _____

Otros   _____

GASTOS TOTALES: _____

Ingreso total _____(menos) Gasto total_____

= Dinero que sobra _____.

Gastos

Los gastos son cosas que realmente necesitas para vivir y estar cómodo, como zapatos y ropa para mantenerte abrigado y no lastimarte los pies.

También cosas como pasta dental, jabón, comida, agua. Un lugar para vivir y transporte para llegar a otros lugares.

Tus gastos deberían ser mucho menores a cualquier dinero que estés obteniendo, para que puedas comprar algunos bienes que te darán más y más cada mes.

Si tus gastos son mayores que cualquier dinero que estés obteniendo tendrás problemas y te será dificil pagar por todo. Además no tendrás dinero de sobra para comprar bienes que te darán más dinero.

Obligaciones

Las obligaciones son cosas que te quitan dinero del bolsillo, cosas que compras que cuestan mucho dinero. Cosas que simplemente quieres, como el más nuevo juguete de Frozen o el nuevo auto a control remoto, o el más reciente iPhone. Una vez que gastas tu dinero en estas cosas nuevas y geniales todo tu dinero se habrá ido de tu bolsillo, entonces tendrás que esperar por más dinero de bolsillo o por tu próximo cumpleaños o trabajar repartiendo periódicos, o cualquier cosa que te de algo más de dinero.

Si sólo compras obligaciones, necesitarás seguir trabajando por más dinero, y siempre necesitarás un empleo.

Cuenta de Alto Interés

Interés es un dinero que pagas (una comisión que se paga) por pedir dinero prestado. Una comisión es dinero extra que pagas como agradecimiento por el dinero. Si tú tienes algo de dinero, el interés funciona para ti también.

Si el banco toma prestado tu dinero, te paga una comisión cada mes.

Si pones tu dinero en una cuenta especial de ahorros en vez de en una alcancía, entonces realmente quieres que el interés sea alto para que puedas obtener mucho dinero extra cada mes, en vez de que se quede igual.

Si colocas $100 en el banco, obtendrás unas $2 extra cada año. Esto se llama interés. Actualmente son unas $2 cada año porque el banco paga 2% por tomar prestado tu dinero. Esto es cerca de 17cts cada mes. Pero si consigues una buena cuenta de alto interés con un % alto, como 10-12%.

Como en lendy.co.uk, entonces puedes obtener $12 en un año, que es $1 por mes. ¡Vaya, eso es mucho más! Y son los mismos $100 que ibas a poner en tu alcancía o en una cuenta bancaria normal.

$200 te darán $2 al mes

$300 te darán $3 al mes

…y asi, sigue poniéndose mejor

Bienes

Algo que pone dinero en tu bolsillo, algo que compras que te da más dinero. Compras algo a un precio bajo y lo vendes por más para tener una ganancia. O compras algo que puedes rentar/prestar a la gente y te darán dinero después de que terminen, te devuelven tus cosas y te quedas con el dinero que haces como ganancia (dinero extra).

Si compras 10 paquetes de crayones a 50c cada uno y los vendes en la feria del pueblo por $1 cada uno,
Es una ganancia de 50c por cada paquete que vendas,
así que 10 x 50c = $5.00
Compras unas raquetas de tenis y algunas pelotas por $5
Entonces se las prestas a tus amigos para que jueguen al tenis por una hora en el parque por $1
Al finalizar la hora recibes de vuelta tus raquetas de tenis y te quedas con ese $1 Cuando las hayas prestado cinco veces tendrás de regreso los $5 que te costaron, así que de ahora en adelante cada vez que las prestes tendrás dinero extra gratis.

Recuerda que las raquetas se gastarán, así que guarda algo del dinero extra que ganes para comprar unas nuevas después, y así poder seguir prestandoselas a otras personas.

Bienes que producen ingresos

Los bienes que producen ingresos son algo que pone dinero en tu bolsillo cada mes por mucho tiempo. Compras algo que puedes usar y recibir pagos por usarlo.

Guardas tu dinero para gastar o recibes dinero por tu cumpleaños. En vez de comprar unos tenis nuevos por $60, compras una podadora de pasto,

Y te ofreces a podar el jardín de tus vecinos por $5. Haces tan buen trabajo que la gente le dice a sus amigos lo bueno que eres y sus amigos también quieren que les arregles el jardín. Ahora tienes cuatro jardines que podar cada mes, Si quieres trabajar en más jardines puedes hacer un anuncio y ponerlo en algún sitio o ponerlo en las casas de personas que tienen jardines.

Lo bueno del pasto es que siempre crece, así que ellos te necesitarán una y otra vez, cada mes, así que no te tomará mucho recuperar el dinero que recibiste en tu cumpleaños. Entonces podrás comprarte los tenis que querías y seguir haciendo incluso más dinero el próximo mes.

Si compras bienes con el dinero que tienes y sigues haciendo dinero con esos bienes, entonces sigue poniendo dinero para tener aún más bienes. Pronto estarás recibiendo suficiente dinero para poder comprar todas las cosas que te gustaría tener y seguir obteniendo más dinero porque compraste bienes en vez de perderlo todo en una cosa nueva y bonita.

Ganancia

Ganancia es cuando vendes algo por más de lo que pagaste por eso. Así que compras un osito por $5 y lo vendes por $9, los $4 extra que haces es tu ganancia. **($9-$5=$4)**

Para asegurarte de que estás trabajando la ganancia apropiada, tienes que asegurarte de restar todas tarifas que necesitas pagar. Si necesitas anunciar la venta del osito y eso te cuesta $1, ahora sólo tienes $3 de ganancia **($9-$5-$1=$3).**

También deberás restar cualquier otra cosa que tengas que pagar para venderlo. Si lo vendes en sitios como eBay/Mercado Libre o Paypal, estos también te cobrarán por su ayuda, y esto también hará que tu ganancia sea menor.

Vender por - $9.00
Costo de compra - $5.00
Costo de publicación - $1.00
Comisión de Paypal - $0.50
Comisión de eBay/Mercado Libre - £0.90

TOTAL = $1.60 DE GANANCIA $1.60

de ganancia puede no sonar como mucho dinero, pero si vendes 10 de ellos harás $16 sin tener que trabajar muy duro.

Así que trabajas una vez y vendes tantos como quieras, una y otra vez.

Buen Negocio

¿Qué es un Buen Negocio?
¿Cómo sabes si es un Buen Negocio o no?
Los mejores Buen Negocios que puedes tener son los que...

1) Te cuestan sólo un poco de dinero
2) Te hacen ganar mucho dinero
3) No toma ni mucho tiempo ni mucho trabajo hacerlo.

Así que voy a ver cuál crees que es el mejor negocio de tres de mis historias y por qué crees que es el major...

1) El cafetín de la escuela vende fruta en la hora del recreo por 50c, para que todos los niños compren. Tienen manzanas, naranjas y bananas.
Yo salgo el fin de semana y compro dos canastillas de fresas.
Me cuestan $1.50 cada una.
También compro un paquete de 25 vasos pequeños de plástico por 50c.
Coloco las fresas en porciones dentro de los vasos y las vendo en la hora del recreo por 50c cada una.

Me salen 6 tazas de fresas de cada canastilla.

Costos _____
Vendido por _____
Dinero extra _____ (ganancia)
¿Fue un trabajo difici? _____

¿Como podrías mejorar esto?

_____
_____
_____
_____
_____

2) Es Halloween y tenemos una fiesta en la escuela. Les dije a mis amigos y a todas las personas en mi clase que iré temprano a la escuela por la fiesta y pintaré a todos con maquillajes realmente aterradores por $1.

Compré un set de pinturas para rostro y crayones/lápices por $2.50, y mami me dejó llevarme dos sillas del jardín a la fiesta.

Me senté afuera temprano y mis amigos vinieron a verme. Pinté las caras de 9 de mis amigos y todos me pagaron $1 cada uno.

Y también me pinté mi cara. Al terminar, Mami se llevó las pinturas y las sillas a casa por mí.

Costos _____

Vendido por _____

Dinero extra _____ (ganancia)

¿Fue un trabajo dificil? _____

¿Como podrías mejorar esto?

_____

_____

_____

_____

_____

3) Mis amigos y yo siempre jugamos en el parque cuando está soleado y hace calor. Siempre escuchamos al vendedor de helados con su música, y algunas veces nuestros padres nos dejan comprar uno, pero muchas veces nos dicen que no.

Andaba de compras con mi familia y le pregunté a mi papi si podía prestarme $2 por poco tiempo. Dijo "sí" y compré dos cajas de helados cubiertos de chocolate. Cada caja trae 10 de estos helados. La siguiente vez que estuvimos jugando en el parque y llegó el vendedor de helados, les dije a todos mis amigos que podía conseguirles a todos helados cubiertos de chocolates como el mío por sólo 20c cada uno, y que apostaba que sus mamis y papis siempre dirían sí a 20c.

Esa semana vendí 19 helados cubiertos de chocolate y tomé uno para mí. Le pagué a mi papá y pudé obtnener más cada semana.

¿Cuál es la suma? _____

¿Cuánto _____

dinero hice? _____

¿Fue un trabajo dificil? _____

¿Como podrías mejorar esto?

_____

_____

_____

_____

_____

Costos _____

Vendido por _____

Dinero extra _____

(Ganancia)

¿Fue un trabajo dificil?

_____

¿Cuál idea hizo más dinero?

1)_____

2)_____

3)_____

¿Cómo harías que estas ideas fueran aún mejores/más fáciles para hacer más dinero? Para saber lo que pienso y compartir conmigo tus opiniones e ideas.

Únete a mí en línea en
www.facebook.com/KidsGetLearning

Depósito

Un depósito es cuando quieres comprar algo pero no tienes todo el dinero que necesitas para comprarlo.
Le das a la persona/dueño de la tienda una cantidad más pequeña de dinero como promesa de que vas a comprar esa cosa.

Esto también te asegura que no se acabarán o no venderán lo que querías, porque normalmente lo guardarán para ti por un tiempo.

Entonces regresas casa semana/mes y sigues pagándoles dinero hasta que hayas pagado el precio completo, Y entonces puedes tenerlo. Si no regresas y haces los otros pagos puedes perder el depósito, porque el dueño de la tienda puede vender esa cosa a otra persona cuando lo estaba guardando para ti.

Entonces el dueño de la tienda puede venderlo a alguien más para poder ganar su dinero.

Préstamo de dinero

Deuda es dinero que pides prestado a alguien. Pides dinero prestado para poder comprar algo. Si no es prestado de mami y papi entonces tendrás que pagar intereses cada mes. Tienes que seguir pagando intereses hasta que hayas pagado por completo todo el dinero.

Deuda mala

Una deuda mala es cuando pides prestado algo de dinero y pagas intereses que te cuestan dinero cada mes por obligaciones, cosas que realmente no necesitas, que simplemente quieres, como nuevos juguetes de Frozen, un nuevo auto a control remoto o el Nuevo iPhone.

Deuda buena

Una deuda buena es cuando pides prestado algo de dinero para comprar un Bien, esto significa que podrás pagar los intereses y el dinero que pediste prestado cada mes, con el dinero que ganas con del Bien. Comprar un Bien que produce ingresos, que te paga más dinero que el dinero que tienes que pagar de regreso, ¡es una deuda grandiosa!

Interés

El interés es dinero extra que pagas cuando has pedido dinero prestado, como un agradecimiento por el servicio de préstamo. Si pides algo de dinero prestado tienes que pagarlo todo completo, y pagar un poco extra. Esto es lo que llaman interés.

Si pides dinero como un préstamo, entonces realmente querrás el interés más bajo y pequeño para entonces tener que pagar sólo un poco extra.

Pero si sólo puedes tener un prestamo con intereses alto, y el Bien que produce ingresos aún hace que tengas más dinero, entonces eso está bien.

Ingreso Pasivo

Imagina que no estás en el trabajo,
no quieres ir a trabajar, pero aun así puedes hacer
dinero sin trabajar toda la semana.

Tu dinero trabaja para ti. Suena como magia,
¿no es así? Trabajas una vez y sigues recibiendo
pagos sin tener que trabajar una y otra vez. Eso es
lo que yo hago, Me emociona mucho esto, Es por
esto que escribí este libro para niños.

Si paso una larga semana escribiendo este libro y
haciendolo lo mejor que puedo, Si a la gente le
encanta y sigue comprándolo,entonces hice mi
primer ingreso pasivo.

Porque sólo necesito escribirlo una vez, luego se
imprime en muchos libros, entonces puedo vender
muchos libros una y otra vez pero sólo tuve que
escribirlos una vez.

Todo se trata de tener suficientes activos que
produzcan ingresos y que te paguen dinero cada
mes,lo que cubre todos tus gastos y es suficiente
para que puedas disfrutar de la vida.

Caridad

Hay un dicho...
"El dinero es la raíz de todos los males"
Lo cual quiere decir que el dinero es malo.
El dinero no es malo, si se usa de una buena manera.

Me encanta retribuir, por lo que por cada libro que vendo, 10% va para NSPCC, que es una caridad a la que quiero mucho. También, cuando voy de compras con mi mami, compro algo para las personas sin hogar, cosas como cereales o panecillos, cosas ricas para que puedan sonreír cuando las coman. Con los Bienes que compres y el dinero que ganes, ¿En qué vas a gastarlo?, ¿A quiénes podrías ayudar? Mientras más dinero ganes, ¡podrás ayudar a más personas! Me hace muy feliz saber que puedo hacer que alguien sonría o hacer que un niño esté a salvo.

NSPCC – la caridad que elegí Apoyo a NSPCC porque esta es una caridad que es muy importante para niños tal como yo. que van pasando como una pesadilla nada bonita. Es por eso que estoy apoyando esta caridad.

Yo estaba con unos padres muy malos, y hora estoy a salvo con buenos padres. Ahora soy feliz y es por eso que amo ayudar a esta caridad, para que ayude a los niños que lo necesitan.

Por qué quiero ser una Autora?

1.) ¡Para ser famosa!

2.) Para que las personas puedan aprender y tener vidas divertidas.

3.) Enseñar a los niños no necesitan ir a trabajar

4.) Para ayudar a los niños en NSPCC.

5.) Y para hacer un ingreso pasivo.

Cómo me convertí en una autora en sólo 20 días

1.) Me inscribí en un evento de negocios para niños 2.) Entendí realmente y me enfoqué en por qué quiero hacer esto

3.) Escribí mi primer redacción con todo lo que ya había aprendido.

4.) Papi leyó mi redacción y me enseñó otras cosas grandiosas.

5.) Hice un montón de preguntas y aprendí cosas geniales para poner en el libro.

6.) Escribí la segunda redacción y diseñé un logo. 7.) Mi mama hizo que mi logo se viera increíble y diseñó mis tarjetas de presentación y una pancarta. 8.) Cuando terminé mi segunda redacción, hice que papi la leyera otra vez. Él me ayudó a cambiar algunas cosas, y se aseguró de que yo realmente entendiera todas estas cosas grandiosas.

9.) Hice los dibujos que creo que a otros niños les gustaría.

10.) Escribí el libro final sin errores y con montones de cosas geniales para aprender.

11.) Ayudé a mi mami a escribir el libro en la computadora y a hacer los dibujos.

12.) Escribí todo sobre mí para que puedas ver por qué estoy haciendo esto.

13.) Enviamos el libro a las impresoras.

14.) Escribí unos cuantos blogs.

15.) Empecé a practicar vlogging.

16.) El libro llegó y fue ¡totalmente increíble! ¡Tan emocionante!

17.) Mami me ayudó a hacer una pagina web y cuentas de Facebook y LinkedIn.

18.) Practiqué hablar sobre mi libro y responder preguntas, lo que es realmente fácil.

19.) Me acosté a dormir temprano, ¡estoy super emocionada!

20.) ¡Espero que el show de negocios de niños venda mis libros!

Notas.

Notas.

Notas.

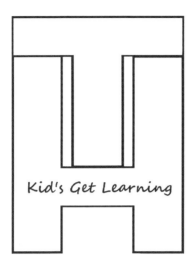

Kid's Get Learning

Si te encantó leer este libro tanto como a mí me gustó escribirlo, por favor conéctate conmigo.

Me encantaría conocer tus opiniones.

http://kidsgetlearning.com

https://www.facebook.com/KidsGetLearning

Para mantenerte al tanto y saber cuándo se publicará el próximo libro, inscríbete en mi boletín. newsletter@kidsgetlearning.com

Agradecimientos especiales a:

Mi papa, por ayudarme a escribir este libro y
dedicar tiempo a enseñarme estos temas
geniales y útiles.

Mi mami, por editar e ilustrar las imágenes
de todo el libro.

A Janet Young, por mi foto en la portada.
facebook.com/janetyoungwadebridge

A Alerrandre, por producir la portada y
contraportada. flickr.com/photos/alerrandre01

Dedico este libro a mi hermano menor Tyler David, por motivarme, y espero con ansias enseñarle en los años venideros. 831

Made in the USA
Las Vegas, NV
15 February 2022

43953015R00035